Über die Ungenauigkeiten, die wahrscheinlich in den Volkszählungsergebnissen der Zeitalter bestehen

Thomas A. Welton

Writat

Diese Ausgabe erschien im Jahr 2023

ISBN: 9789359251981

Herausgegeben von
Writat
E-Mail: info@writat.com

ÜBER DIE UNGENAUIGKEITEN, DIE WAHRSCHEINLICH IN DEN ZÄHLUNGSRÜCKGABEN DER ALTER BESTEHEN.

Von Thomas A. Welton , FSS usw.

EINIGEN Jahren, vor der Veröffentlichung des dritten Bandes der Volkszählung von England und Wales, 1871, war ich bestrebt, die ungefähren Sterblichkeitsraten in bestimmten Teilen Englands bei Frauen in einem bestimmten Alter für jedes der Jahre 1851–1870 zu berechnen . Deshalb habe ich mich dem vorläufigen Prozess der Schätzung der Bevölkerungszahl in jedem Jahr im jeweiligen Alter gewidmet.

Ich habe herausgefunden, dass man nicht mit Sicherheit davon ausgehen kann, dass, wenn die Bevölkerung in einem bestimmten Landkreis oder Bezirk allgemein mit einer bestimmten Rate gewachsen ist, es in jedem einzelnen Alter einen Anstieg in etwa der gleichen Rate gegeben hat. Im Gegenteil, es gab eine überraschende Unregelmäßigkeit in den jeweiligen Anstiegs- oder Rückgangsraten, die bei Personen unterschiedlichen Alters in derselben Population beobachtet wurden.

Tabelle I zeigt die Steigerungsraten der in jedem Alter bis 80 Jahren gezählten Zahlen bei Männern und Frauen in den verschiedenen Registrierungsabteilungen sowie in England und Wales. Wenn man sich diese Tabelle anschaut, erkennt man, dass die Zuwachsraten in den einzelnen Altersgruppen sehr unterschiedlich sind, was zum Teil auf die Auswanderung zurückzuführen ist. In den Eastern Counties ging die Zahl der Männer im Alter von 20 bis 25 Jahren um fast ein Zehntel zurück, während die Zahl der Männer im Alter von 65 bis 70 Jahren um fast ein Viertel zunahm. In derselben Abteilung ging die Zahl der Frauen im Alter von 25 bis 30 Jahren um fast 5 Prozent zurück, während die Zahl der Frauen im Alter von 40 bis 45 Jahren um mehr als 15 Prozent zunahm.

Angesichts dieser Tatsachenlage habe ich jeden Gedanken daran aufgegeben, aus den im Jahr 1871 gezählten Gesamtzahlen verlässliche Schätzungen für die Zahlen in bestimmten Altersstufen abzuleiten, es sei denn, es ließe sich tatsächlich eine andere Art der Behandlung der Zahlen finden, die zu regelmäßigeren Ergebnissen führt.

Beim Vergleich der zehn Jahre älteren Bevölkerung von 1861 mit der im Jahr 1851 gezählten Bevölkerung erhielt ich andere Verhältnisse, die in Tabelle II aufgeführt sind.

Das Folgende ist ein Vergleich zwischen den Anteilen für England und Wales, die in Tabelle II dargestellt sind, und der Zahl von 100 im Jahr 1851 lebenden Personen, die gemäß der englischen Sterbetabelle Nr. 3 im Jahr 1861 überlebt hätten.

Alter im Jahr 1851.	Anteil der Überlebenden von 100 im Jahr 1851 lebenden Personen.			
	Durch die Volkszählung.		Am Lebenstisch.	
	Männer.	Weibchen.	Männer.	Weibchen.
0–5 [4]	90.1	89,2	86,4	86,7
5–10	91,2	93,5	94,2	94,0
10–15	89,2	102.1	93,7	93,4
15–20	84.1	94,4	92,0	91,6
20–25	83,2	83,2	90,9	90,4
25–30	84,4	82,3	89,9	89,6
30–35	89,2	88,6	88,6	88,6
35–40	85.1	85,9	86,8	87,4
40–45	82,3	83,8	84,3	85,9
45–50	76.1	77,6	80,5	83,2
50–55	76,7	80.2	75,3	78,2
55–60	68,9	74.1	67,7	70,7
60–65	56,5	60.2	56.9	60.3
65–70	47.3	50,5	43,5	47.2

Die Auswanderung von Frauen englischer Abstammung war seit 1851 keineswegs in unbedeutendem Ausmaß; aber aufgrund der Einwanderung einer großen Zahl von Frauen aus Irland, Schottland und dem Ausland war der Nettoverlust nur moderat. Wir sollten daher berechtigt sein, nach einer gewissen Übereinstimmung zwischen den Anteilen der Frauen, von denen gemäß der Sterbetafel erwartet werden könnte, dass sie überleben, und den proportionalen Zahlen zu suchen, die einen Vergleich der Volkszählungszahlen von 1861 mit denen von 1851 darstellen. In Punkt Tatsächlich stellen wir fest, dass im Alter von 10 bis 20 Jahren der Anteil derjenigen, die laut Sterbetafel die nächsten zehn Jahre überleben sollten, weit über denen liegt, die offenbar überleben. und dieser Zustand wird sich in den nächsten zehn Jahren umkehren. Daher deuten die Zahlen auf eine fehlerhafte Darstellung des Alters der weiblichen Bevölkerung hin, wobei die Zahlen im Alter von 20 bis 30 Jahren übertrieben sind und die Zahlen im Alter von 30 bis 40 Jahren möglicherweise niedriger ausfallen.

Auch hier haben wir Grund zu der Annahme, dass einige der Kinder unter fünf Jahren als volljährig zurückgegeben werden, während nahezu keines, das fünf Jahre alt ist, als jünger zurückgegeben würde. Dies würde die Unähnlichkeit der Überlebensquoten im frühesten Lebensabschnitt erklären.

Indem ich als experimentelle Annahmen davon ausging, dass die proportionalen Fehler in den Volkszählungen von 1851 und 1861 in jedem Alter gleich waren und dass sich Auswanderung und Einwanderung von Frauen gegenseitig neutralisierten, erhielt ich eine Reihe von Korrekturen der Volkszählungen von Frauen, die darauf hindeuteten Bei jungen Menschen unter 20 Jahren bestand die Tendenz, ihr Alter zu übertreiben, während Frauen im Alter von 25 bis 30 Jahren und in jedem weiteren fünfjährigen Lebensabschnitt, zumindest bis 55 bis 60, dazu neigten, ihr Alter zu unterschätzen. Es gab auch eine gewisse Neigung, das Alter in runden Jahreszahlen anzugeben, obwohl dies weitaus weniger bemerkenswert war als bei der irischen Volkszählung von 1851, aus der die folgenden Zahlen stammen.

Das Alter kehrte zurück.	Männer.	Weibchen.
35 und unter 40	150.471	165.966
40 „ 45	187.410	217.986
45 „ 50	109.618	117.345
50 „ 55	156.337	176.782
55 „ 60	73.511	79.111
60 „ 65	100.963	130.740

Die Untertreibung schien in diesem Land in den genannten Altersstufen nicht größer gewesen zu sein, als wenn sich *jede Frau* im Alter von 25 bis 60 Jahren als ein Jahr jünger als ihr wahres Alter bezeichnet hätte.

Es wird offensichtlich sein, wie groß der Nutzen von Volkszählungen wäre, die in Abständen von *fünf* Jahren durchgeführt würden, da sie es uns ermöglichen würden, die Folgen dieser Tendenzen zur falschen Altersangabe genauer zu messen, und insbesondere die Wirkung, wenn das Alter in runden Zahlen angegeben wird.

Die auf die Rückkehr von Männern anwendbaren Korrekturen könnten nicht einmal annähernd bestimmt werden, ohne die Auswirkungen der Auswanderung auf die Zahl dieses Geschlechts zu berücksichtigen. Und da die Sterblichkeitsraten von Jahr zu Jahr erheblichen Schwankungen unterliegen, bin ich zu dem Schluss gekommen, dass zuverlässigere Ergebnisse mithilfe von … erzielt werden müssen.

(1) Schätzungen der Anzahl der *registrierten* Todesfälle, die bei Personen auftraten, die in jedem Fünfjahreszeitraum *geboren wurden* . [6]

(2) Eine berechnete Entschädigung für nicht registrierte Geburten, die über die nicht registrierten Todesfälle von Säuglingen hinausgeht.

(3) Schätzungen des Bevölkerungsverlusts oder -gewinns durch Migrationen in jedem Alter.

Tabelle III zeigt die Ergebnisse, die durch die Berechnung des ersten und zweiten dieser Elemente erzielt wurden, und zeigt die verbleibende Differenz zwischen den beiden Sätzen von Volkszählungszahlen als kombiniertes Ergebnis von Migrationen und Fehlern.

Als ich diese Tabelle untersuchte, hielt ich es für äußerst wahrscheinlich, dass die Zahlen der Todesfälle in hohem Alter übertrieben waren, da ich keinen Grund für die Annahme kenne, dass die Volkszählungszahlen in diesem Alter geringer sind als die Wahrheit; und wenn sie gleich oder größer als die tatsächliche Zahl der Lebenden sind, müssen wir schlussfolgern, dass entweder eine beträchtliche Einwanderung alter Menschen stattfindet oder, was viel besser mit unserem Wissen vereinbar erscheint, eine Tendenz dazu besteht Übertreiben Sie das Alter sowohl der Lebenden als auch der Sterbenden unter den über Siebzigjährigen.

Mit Hilfe der „English Life Table No. 3" wurde festgestellt, dass in einer Bevölkerung ein Geburtenzuwachs von 1 Prozent entsteht. pro Jahr würden die folgenden Zahlen den Anteil der Personen darstellen, die im hohen Alter leben und sterben:

Alter.	Leben.		Alter.	Leben.		Verhältnis von Ersterem zu Letzterem.	
	Männer .	Fem'l's .		Männer .	Fem'l's .	Männer . als 100 to	Fem'l's . als 100 to

Alter.	Todesfälle.		Alter.	Todesfälle.		Verhältnis von Ersterem zu Letzterem.	
	Männer.	Fem'l's.		Männer.	Fem'l's.	Männer. als 100 to	Frauen. als 100 to
75 und unter 80	373054	428741	74½ und unter 79	369162	420783	99,0	98,1
80 „ „ 85	174287	213540	79 „ „ 84	207496	250662	119.1	117.4
85 „ „ 90	59641	79253	84 „ „ 89	76091	99340	127,6	125,3
90 „ „ 95	13652	20037	89 „ „ 94	19023	27331	139.3	136,4
95 „ „ 100	1887	3119	94 „ „ 99	2934	4728	155,5	151,6
100 und mehr.	145	279	99 und aufwärts	260	484	179,3	173,5
75 und unter 85	78695	84957	74½ und unter 84	79184	84673	100,6	99,7
85 „ „ 95	19617	24868	84 „ „ 94	24024	29893	122,5	120.2
95 und aufwärts	932	1476	94 und aufwärts	1393	2152	149,5	145,8

Aus der obigen Tabelle lässt sich ableiten, dass unter der Annahme, dass Personen im Alter von 71 bis 75 Jahren durchschnittlich sechs Monate älter als ihr wahres Alter sind (oder als solche beschrieben werden), und wenn die Übertreibung nach 75 Jahren durchschnittlich ein ganzes Jahr beträgt, dies sehr groß ist Dabei muss auf den Rücksendungen ein Eindruck gemacht werden.

Nachdem ich so weit gekommen war, hielt ich es für zweckmäßig, zunächst einmal zu versuchen, ob diese Vorschläge, die meiner Meinung nach als moderat und wahrscheinlich angesehen werden, ausreichen würden, um den scheinbaren Zustrom älterer Menschen zu erklären, der in Tabelle III dargestellt ist. und ob andere, nicht weniger vernünftige Annahmen dazu dienen würden, die verbleibenden Schwierigkeiten zu überwinden, die auf der Vorderseite dieser Tabelle auftauchen.

Da die weibliche Bevölkerung am wenigsten durch Migrationen gestört wird, wurden die notwendigen Berechnungen in Bezug auf sie durchgeführt, bevor wir fortfuhren. Zunächst mussten die in Tabelle III aufgeführten Todesfälle wie folgt geändert werden:

Geboren in den Jahren	Todesfälle von Frauen wie in Tabelle III.		Wie jetzt korrigiert.	
	1851–60.	1861–70.	1851–60	1861–70.
1801–05	65030	97481	65030	98802
1796–1800	72028	108636	72028	112636
1791–95	82975	114233	84226	118269
1786–90	93843	105704	97626	107225
1781–85	99612	78080	103438	76172
1776–80	94274	43589	95728	39172
1771–75	71487	17466	69678	14330
1766–70	40514	4849	36401	3732
1761–65	16604	894	13613	617
1756–60	4724	73	3631	50
1751–55	921	—	636	—
1746–50	76	—	53	—
Summen	642088	571005	642088	571005

Dann mussten einige Annahmen über die Auswirkungen der Migration von Frauen in dieses und aus diesem Land getroffen werden, und die folgenden Schätzungen wurden vorläufig angenommen: – [8a]

GESCHÄTZTES DURCHSCHNITTLICHES JÄHRLICHES NETTOERGEBNIS DER MIGRATIONEN.					KONSEQUENTE SCHÄTZUNG DES NETTOVERLUSTS ODER . [8b]			
Alter (am Ende des Migrationsjahres)	1851–60.		1861–70.		Alter (am Ende des Jahrzehnts)	1851–60.		1861–70
	Einwanderer. [8a]	Auswanderer. [8b]	Einwanderer. [8a]	Emi-Zuschüsse. [8b]		Jahresfehlbetrag.	Nettogewinn.	Jahresfeh
0–5	2000	3250	1550	2675	0–5	3750	—	3375
5–10	2000	3000	1530	2450	5–10	9250	—	8385
10–15	2800	2280	2170	1900	10–15	6000	—	6040
15–20	5300	3150	4200	2740	15–20	—	7000	—
20–25	2400	3900	1860	3200	20–25	—	7300	—
25–30	1050	2700	800	2190	25–30	8150	—	7950
30–35	630	1630	500	1340	30–35	14250	—	12150
35–40	400	1050	320	870	35–40	10250	—	8630
40–45	390	690	320	590	40–45	6150	—	5240
45–50	280	520	210	420	45–50	3500	—	3080
50–55	190	420	145	345	50–55	2500	—	2190
55–60	100	250	75	200	55–60	2000	—	1795
Summen	17540	22840	13680	18920	60–65	1200	—	1025
					65–70	300	—	250

Diese letzten Berechnungen können hinsichtlich der Auswirkungen von Migrationen in bestimmten Altersgruppen nicht besonders zuverlässig sein. Die mir bekannten offiziellen Aufzeichnungen zu diesem Thema sind nur dürftig. Die grobe, allgemeine Idee, die sich aus der Tabelle ergibt, kommt jedoch der Wahrheit mehr oder weniger nahe und kann sinnvollerweise mit den in Tabelle III angegebenen heftigen Schwankungen verglichen werden. Diese zeigen trotz ihrer Extravaganz eine Art Regelmäßigkeit in bestimmten Zeitaltern, also —

Alter am Ende des Jahrzehnts.	1851–60.		1861–70.	
	Verlust.	Gewinnen.	Verlust.	Gewinnen.
0–5	30575	. . .	42643	. . .
5–10	. . .	3937	. . .	15075
10–15	. . .	24995	. . .	29722

15–20	7416	. . .	14314	. . .
20–25	. . .	85027	. . .	73654
25–30	. . .	27678	. . .	42046
30–35	69827	. . .	74590	. . .
35–40	63559	. . .	54880	. . .
40–45	4438	. . .	7513	. . .
45–50	11175	. . .	11472	. . .
50–55	16118	. . .	18811	. . .
55–60	26073	. . .	28220	. . .
60–65	. . .	35	1360	. . .
65–70	. . .	12614	. . .	18345
70–75	7310	. . .	7982	. . .

Da ich es für völlig unmöglich hielt, an die aufeinanderfolgenden Migrationen zu glauben, die stattgefunden haben mussten, wenn dieser Auszug aus Tabelle III der Wahrheit entsprach, ging ich der Untersuchung nach, was die Alternative zu einem solchen Glauben sei.

Bei der Berechnung der Korrekturen, die in den Volkszählungsergebnissen zur Zahl der Frauen vorgenommen werden müssen, wenn die geänderten Schätzungen der Verluste durch Todesfälle und die berechneten Ergebnisse der Wanderungen übernommen werden, ging ich zunächst davon aus, dass jede der drei Volkszählungen von 1851, 1861 und 1861 ... 1871 könnte durch falsche Angaben zum Alter in *festen Verhältnissen* in den verschiedenen Lebensabschnitten fehlerhaft sein.

Der Versuch, eine so feste Proportionsskala zu finden, die alle Volkszählungen korrigieren würde, war jedoch erfolglos; und es zeigte sich, dass die Abweichungen von der Wahrheit im Jahr 1851 am größten und im Jahr 1871 am geringsten waren. Anschließend wurden empirisch drei Größenskalen ermittelt, die die Idee der abnehmenden Fehlergrade verkörperten. Im Zuge der Untersuchungen zur Anpassung dieser Tarife habe ich Grund zu der Annahme gefunden, dass die Freibeträge für nicht registrierte Geburten in den Jahren 1856–60 und 1861–65 um ½ Prozent erhöht werden sollten. Nachdem diese Addition zu den geschätzten Geburtenzahlen vorgenommen worden war, wurde es erforderlich, dass gleiche Zahlen zu den geschätzten Verlusten durch Auswanderung hinzugerechnet werden sollten; und durch die abschließende Änderung der drei Proportionsskalen entsprechend diesen Änderungen gelangte man schließlich zu den in Tabelle IV dargestellten Ergebnissen.

Diese Ergebnisse lassen uns davon ausgehen, dass unsere Berechnung der Auswirkungen der Migrationen in den Jahren 1851–60 zwar nahezu der Wahrheit entsprach, die ähnliche Schätzung für 1861–70 jedoch eher daneben lag. Die Zahlen, die nun ersetzt werden müssen, scheinen mir jedoch akzeptabel zu sein, insbesondere wenn wir berücksichtigen, dass wir uns keine Meinung über das Alter der in England geborenen Personen bilden können, die in großer Zahl aus den Vereinigten Staaten zurückgekehrt sind Zeit des Sezessionskrieges.

Als nächstes mussten wir feststellen, um welche Transpositionen der Volkszählungszahlen es sich handelt, für den Fall, dass wir die in Tabelle IV aufgeführten Zahlen als annähernd korrekt akzeptieren.

Tabelle V zeigt diese Transpositionen, und es ist ersichtlich, dass sie zu den Schlussfolgerungen führen, die in der folgenden Aussage gezeigt werden:

ERKLÄRUNG A. – Darstellung der Anteile (Prozent) der in jedem Alter zurückgekehrten weiblichen Bevölkerung, die tatsächlich älter oder jünger waren als dargestellt.

Im Alter zurückgegeben	1851. [11a]			1861.			1871.		
	Wirkl ich älter.	Alter korr ekt.	Wirkl ich jünger.	Wirkl ich älter.	Alter korr ekt.	Wirkl ich jünger.	Wirkl ich älter.	Alter korr ekt.	Wirkl ich jünger.
0–5	. . .	100,0	. . .	. . .	100,0	. . .	. . .	100,0	. . .
5–10	. . .	97,0	3,0	. . .	97,1	2.9	. . .	97,3	2.7
10–15	. . .	98,1	1.9	. . .	98,1	1.9	. . .	98,2	1.8
15–20	. . .	97,4	2.6	. . .	97,9	2.1	. . .	98,0	2,0
20–25	4.7	92,3	3,0	5.3	92,4	2.3	4.8	93,2	2,0
25–30	9.8	90,2	. . .	10.3	89,7	. . .	9.5	90,5	. . .
30–35	13.3	86,7	. . .	13.5	86,5	. . .	11.5	88,5	. . .
35–40	12.6	87,4	. . .	12.6	87,4	. . .	11.9	88.1	. . .

40–45	16.5	83,5	. . .	16.1	83,9	. . .	15.3	84,7	. . .
45–50	15.1	84,9	. . .	14.6	85,4	. . .	13.9	86.1	. . .
50–55	16.5	83,5	. . .	16.5	83,5	. . .	15.5	84,5	. . .
55–60	8.4	91,6	. . .	8.2	91,8	. . .	7.2	92,8	. . .
60–65	9.0	91,0	. . .	8.8	91,2	. . .	8.1	91,9	. . .
65–70	1.7	98,3	. . .	2,0	98,0	. . .	1.8	98,2	. . .
70–75	. . .	100,0	. . .	.3	99,7	. . .	.5	99,5	. . .
75–80	. . .	99,9	.1 . . .		100,0	. . .	. . .	100,0	. . .
80–85	. . .	91,6	8.4	. . .	92,6	7.4	. . .	93,2	6.8
85–90	. . .	90,5	9.5	. . .	92.1	7.9	. . .	93.1	6.9
90–95	. . .	84,2	15.8	. . .	85,6	14.4	. . .	88,7	11.3
95–100	. . .	62.2	37.8	. . .	62,5	37,5	. . .	68.1	31.9
100 und mehr.	. . .	38,0	62,0	. . .	38.4	61,6	. . .	50.4	49,6

Altersangabe zu keinem Zeitpunkt des Lebens im Durchschnitt einem ganzen Jahr entspricht; [11b] und die Übertreibung selbst bei hohem Alter scheint auch im Durchschnitt weniger als ein Jahr zu betragen, so dass meines Erachtens keine solche Unwahrscheinlichkeit an den Zahlen besteht, die ihre Glaubwürdigkeit beeinträchtigen könnte. Wenn die unregelmäßigen Ergebnisse von Tabelle III für Frauen mit den viel wahrscheinlicheren Ergebnissen in Tabelle IV und den Annahmen, auf denen diese zustande kamen, und durch deren Annahme die registrierten Geburten und Todesfälle verglichen werden, ergeben sich die Ergebnisse bei aufeinanderfolgenden Volkszählungen Wenn man die Zahlen der weiblichen Bevölkerung in verschiedenen Altersstufen und die berechneten Verluste durch Migration in eine enge Übereinstimmung gebracht hat, wird sich meiner Meinung nach zeigen, dass es sehr viel sicherer ist, meine Korrekturen zu übernehmen, als sich auf die tatsächlichen Ergebnisse zu verlassen .

Da es sich bei der Operation, durch die die Altersangaben korrigiert werden sollen, im Wesentlichen um eine Transposition handelt, unterdrücke ich die Verhältnisse, auf deren Grundlage ich Tabelle IV erstellt habe, und würde die in Aussage A dargestellten Proportionen verwenden, um ähnliche

Korrekturen auf die Bevölkerung anzuwenden Rücksendungen im Detail. Da es keine Möglichkeit gibt, zu beurteilen, welche Unterschiede es in verschiedenen Teilen des Landes hinsichtlich des Ausmaßes der falschen Angaben zum Alter geben könnte, wäre ich geneigt, diese Proportionen in jedem Fall zu verwenden, allerdings nicht ohne die Ungenauigkeiten zu befürchten Es kann also zu einer Konsequenz kommen.

Es kann noch ein weiterer Test durchgeführt werden, bevor wir schließlich davon ausgehen, dass die in Tabelle IV aufgeführten Zahlen (sehr annähernd) die tatsächliche weibliche Bevölkerung repräsentieren. Das Verhältnis der nachweislich in den Jahren 1861 bzw. 1871 vorhandenen Bevölkerung zuzüglich der *Auswanderer* zu den Zahlen zehn Jahre zuvor kann berechnet und mit den bereits dargestellten Zahlen verglichen werden, die aus der englischen Sterbetabelle Nr. 3 abgeleitet wurden: —

Alter am Ende der zehn Jahre.	Anteil der Überlebenden (einschließlich Auswanderer) an 100 Frauen, die vor 10 Jahren gelebt haben.		Das gleiche Verhältnis gemäß der englischen Sterbetabelle Nr. 3.
	Nach korrigierten Zahlen 1851 und 1861.	Nach korrigierten Zahlen 1861 und 1871.	
10–15	87,4	87,5	86,7
15–20	94,2	94,7	94,0
20–25	93,2	93,7	93,4
25–30	91,4	91,9	91,6
30–35	90,5	91,0	90,4
35–40	90,0	90.1	89,6
40–45	89,0	89,1	88,6
45–50	88,3	88,2	87,4
50–55	86,8	86,8	85,9
55–60	84,7	84,6	83,2
60–65	80.2	79,5	78,2
65–70	72,7	72,4	70,7
70–75	61,6	61.3	60.3

| 75–80 | 47.1 | 46.9 | 47.2 |

Wenn man die so ermittelten Verhältnisse untersucht, erkennt man, dass sie gut mit der in der Sterbetafel dargestellten Wahrscheinlichkeit übereinstimmen. Jeder Satz von Verhältnissen ist symmetrisch abgestuft, während die durch die Verwendung der unkorrigierten Volkszählungstabellen erhaltenen Verhältnisse, wie bereits beobachtet wurde, abwechselnd übertrieben und niedrig waren.

Nachdem wir so bei den Frauen zu einer hinreichend großen Annäherung an die Wahrheit gelangt sind, müssen wir uns nun darum bemühen, das Gleiche auch bei den Männern zu tun. Die Auswirkung der Auswanderung muss zunächst berechnet werden, was folgendermaßen erfolgen kann:

Alter am Ende des Migrationsjahres.	1851–60.		1861–70.	
	Einwanderer aus Irland usw.	Englische Auswanderer.	Einwanderer aus Irland usw.	Englische Auswanderer.
0–5	2000	3500	1500	2200
5–10	2000	3500	1500	2200
10–15	3000	3000	2200	2000
15–20	6000	6500	4200	4000
20–25	2500	9000	1750	6000
25–30	1000	8000	750	5000
30–35	500	5000	400	3400
35–40	500	3000	350	2100
40–45	400	1850	260	1200
45–50	300	1300	200	800
50–55	200	1000	150	600
55–60	100	700	100	440
Summen	18500	46350	13360	29940

Die oben genannten Zahlen basieren auf einer erweiterten Schätzung nicht registrierter männlicher Geburten, um der erhöhten Schätzung nicht registrierter weiblicher Geburten zu entsprechen, die bei der Zusammenstellung von Tabelle IV verwendet wurde.

Der Gesamtverlust oder -gewinn an männlichen Einwohnern in jedem Alter, der aus den oben genannten Wanderungen resultierte, könnte möglicherweise so niedrig gewesen sein, wenn man davon ausgeht, dass der Verlauf der Ereignisse von Jahr zu Jahr ziemlich gleich geblieben ist:

Alter am Ende des Jahrzehnts.	Jahresfehlbetrag.	
	1851–60.	1861–70.
0–5	4500	2100
5–10	12000	5600
10–15	10500	4300
15–20	4500	200 [14]
20–25	22000	11350
25–30	54500	33600
30–35	61500	38750
35–40	44000	28750
40–45	25850	17570
45–50	15250	10000
50–55	10300	6230
55–60	7800	4470
60–65	4600	2600
65–70	1200	680
Summen	278500	165800

Da jedoch diejenigen, die in den ersten Jahren des Jahrzehnts 1861–70 in die Vereinigten Staaten ausreisten, möglicherweise zu einem großen Teil in ihre Heimat zurückgekehrt sind, ebenso wie viele von denen, die das Land zuvor verlassen hatten, scheint dies selbstverständlich Nehmen wir an, dass die Auswanderer von 1861 bis 1870 im Großen und Ganzen viel jünger waren, als die obige Tabelle zeigen würde.

Das Ergebnis einer sorgfältigen Untersuchung der verschiedenen Zahlen hat mich davon überzeugt, dass das Alter sowohl männlicher als auch weiblicher Kinder überbewertet ist. Im Alter von 15 und unter 20 Jahren scheinen Männer ihr Alter nicht so häufig zu übertreiben wie Frauen. Im Alter von 25 bis 70 Jahren scheint es eine allgemeine, aber leichte Tendenz zu geben, das Alter zu unterschätzen, im Durchschnitt um ein Viertel oder höchstens fast ein halbes Jahr. Nach 70 Jahren scheint die gleiche Tendenz zur Altersübertreibung vorherrschend zu sein, die auch bei Frauen beobachtet wurde.

In den Tabellen VI und VII sind die gleichen ungefähren Fakten bezüglich der Männer enthalten, die die Tabellen IV und V für unsere weibliche Bevölkerung liefern. Die Zahlen aller dieser Aussagen wurden empirisch ermittelt, jedoch mit der Absicht, möglichst moderate und regelmäßige Korrekturen vorzunehmen, die den Schwierigkeiten des Falles gerecht werden.

Die daraus resultierenden Anteile vermeintlich genauer und ungenauer Ergebnisse in jedem Alter können wie folgt dargestellt werden:

ERKLÄRUNG B.

Dargestellt sind die Anteile (Prozent) der in jedem Alter zurückgekehrten männlichen Bevölkerung, die tatsächlich älter oder jünger waren als vertreten.

Im Alter zurückgegeben	1851.			1861.			1871.		
	Wirklich älter.	Alter korrekt.	Wirklich jünger.	Wirklich älter.	Alter korrekt	Wirklich jünger.	Wirklich älter.	Alter korrekt.	Wirklich jünger.
0–5	...	1000	...	...	100,0	...	...	100,0	...
5–10	...	97,0	3,0	...	97,1	2.9	...	97,3	2.7
10–15	...	98,8	1.2	...	98,3	1.7	...	98,3	1.7
15–20	...	99,1	.9	...	98,3	1.7	...	98,2	1.8
20–25	1,0	98,7	.3	.9	98,4	.7	.5	98,6	.9
25–30	1.6	98,4	...	1,0	99,0	...	.6	99,4	...
30–35	.7	99,3	...	.1	99,9	...	...	100,0	...
35–40	.2	99,8	...	...	100,0	...	...	100,0	...
40–45	3.5	96,5	...	1.6	97,8	.6	1,0	98,3	.7
45–50	5,0	95,0	...	1.9	98,1	...	1.2	98,8	...

50–55	9.0	91,0	...	4.2	95,8	...	3.1	96,9	...
55–60	4.7	95,3	...	1.2	98,8	...	.6	99,4	...
60–65	7.2	92,8	...	4.9	95.1	...	4.1	95,9	...
65–70	...	100,0	...	...	100,0	...	...	100,0	...
70–75	...	100,0	...	...	100,0	...	...	100,0	...
75–80	...	97,3	2.7	...	97,9	2.1	...	98,8	1.2
80–85	...	88,9	11.1	...	91,2	8.8	...	94,8	5.2
85–90	...	87,3	12.7	...	89,4	10.6	...	94,9	5.1
90–95	...	86,3	13.7	...	88,6	11.4	...	93,7	6.3
95–100	...	57,0	43,0	...	59.9	40.1	...	74,4	25.6
100 und mehr.	...	25.6	74,4	...	36.4	63,6	...	41,5	58,5

Die in Tabelle VI dargestellte Auswanderung [15] in verschiedenen Altersstufen unterscheidet sich, obwohl sie mit großer Regelmäßigkeit abgestuft ist, in bestimmten Altersstufen stark von dem, was auf Seite 14 (*Ante*) berechnet wurde, und jeder muss sich seine eigene Meinung darüber bilden welche Zahlenreihe der Wahrheit am nächsten kommt.

Unter Anwendung des zuvor verwendeten endgültigen Tests und der Berechnung der durch die korrigierten Zahlen angegebenen Anteile der Überlebenden erhalten wir:

Alter am Ende der zehn Jahre.	Anteil der Überlebenden (einschließlich Auswanderer) an 100 Männern, die zehn Jahre zuvor lebten.		Der gleiche Anteil gemäß der englischen Lebenstabelle Nr. 3.
	Nach korrigierten Zahlen 1851 und 1861.	Nach korrigierten Zahlen 1861 und 1871.	
10–15	87.1	87,0	86,4
15–20	94,3	94,8	94,2
20–25	93,7	94.1	93,7
25–30	92,0	92,0	92,0
30–35	91,4	91.1	90,9

35–40	90,6	89,8	89,9
40–45	89,3	88,3	88,6
45–50	87,4	86,4	86,8
50–55	84,9	84,3	84,3
55–60	81,0	80.2	80,5
60–65	76,6	75.1	75,3
65–70	68,8	66,5	67,7
70–75	57,7	56.3	56.9
75–80	42.9	40.8	43,5

Diese Verhältnisse weisen ebenso wie die aus der korrigierten weiblichen Bevölkerung erhaltenen Verhältnisse ein hohes Maß an Regelmäßigkeit auf und ähneln sehr denen, die aus der englischen Sterbetafel abgeleitet wurden, während sie stark von denen abweichen, die auf den unkorrigierten Volkszählungszahlen basieren.

Man könnte vielleicht annehmen, dass eine solche Ähnlichkeit künstlich ist und in Wirklichkeit das Ergebnis der Annahme der Sterbetafel als Leitfaden für die Aufteilung der registrierten Todesfälle auf die Geburtsjahre ist. Ich bin jedoch sicher, dass eine solche Verwendung der Sterbetafel das Ergebnis nicht in nennenswertem Umfang hätte beeinflussen können. Jede nach einem konsistenten und vernünftigen Plan durchgeführte Aufteilung der Todesfälle unter einer allmählich wachsenden Bevölkerung wie der Englands würde zwangsläufig innerhalb sehr weniger Tausend der in den Tabellen IV und VI aufgeführten Zahlen liegen, zumindest für den darüber hinausgehenden Lebensabschnitt etwa fünfzig Jahre, also zwischen Kindheit und Alter. [16]

Es muss noch folgende Bemerkung gemacht werden, nämlich dass die Reihe von Verhältnissen, obwohl sie denen ähnelt, die aus der Sterbetafel abgeleitet wurden, in bestimmten Altersstufen in einem sehr nennenswerten Ausmaß von ihnen abweicht, und zwar:

	MÄNNER – Verlust durch Tod.			WEIBCHEN – Verlust durch Tod.		
Alter am Ende des	Lebenstabelle.	Korrigierte Bevölker	Korrigierte Bevölker	Lebenstabelle.	Korrigierte Bevölker	Korrigierte Bevölker

Jahrzeh nts.		ung, 1851/60.	ung, 1861/70.		ung, 1851/60.	ung, 1861/70.
25–30	8,0	8,0	8,0	8.4	8.6	8.1
30–35	9.1	8.6	8.9	9.6	9.5	9.0
35–40	10.1	9.4	10.2	10.4	10.0	9.9
40–45	11.4	10.7	11.7	11.4	11.0	10.9
45–50	13.2	12.6	13.6	12.6	11.7	11.8
50–55	15.7	15.1	15.7	14.1	13.2	13.2
55–60	19.5	19.0	19.8	16.8	15.3	15.4
60–65	24.7	23.4	24.9	21.8	19.8	20.5

Die tatsächliche Sterblichkeit scheint im Allgemeinen niedriger zu sein als in der Sterbetafel angegeben, manchmal um fünf, sechs oder sogar neun Prozent. Wenn wir also die Zahl der Todesfälle auf der Grundlage der Sterbetafel berechnen würden, läge das Ergebnis um viele Tausend über den registrierten Todesfällen. Natürlich ziehe ich es vor, die Lehren der aufgezeichneten Fakten zu akzeptieren, auch wenn sie möglicherweise nicht ganz korrekt umgesetzt wurden, als mich auf die Sterbetafel zu verlassen, die meiner Meinung nach durch einen mathematischen Prozess graduiert wurde, der mindestens so empirisch ist wie jede Schätzung meins. Gleichzeitig denke ich, dass ich darauf hinweisen muss, dass eine so weitgehende Übereinstimmung zwischen dem allgemeinen Charakter meiner Ergebnisse und denen der durch mathematische Graduierung erzielten Ergebnisse eine äußerst wichtige Tatsache ist, die dazu neigt, uns stärker als je zuvor von dieser großen Regelmäßigkeit zu überzeugen würde sich in der Altersverteilung der Todesfälle in einer großen Bevölkerung und über einen mäßig langen Zeitraum herausstellen, wenn nur eine wahrheitsgetreue Aufzeichnung des Alters sichergestellt werden könnte.

ANWENDUNG DER VORGESCHLAGENEN KORREKTUREN .

Bei der Anwendung der in den Erklärungen A und B dargestellten proportionalen Korrekturen auf die Volkszählungszahlen von 1861 und 1871 für jede der elf Abteilungen wurden bestimmte Ergebnisse erhalten, von denen das Folgende ein Beispiel ist:

Alter im	Division VIII (Nordwesten).	Verhältnis der Bevölkerung	Nationaler Anteil der	Unterschied.

Jahr 1871.	Weibliche Bevölkerung in		im Jahr 1871 zu der im Jahr 1861 (Prozent).	Überlebenden (einschließlich Zulage für Auswanderer).	
	1861.	1871.			
10–15	205692	179947	87,5	87,5	. . .
15–20	167248	171382	102,5	94,7	+7,8
20–25	151238	155554	102.9	93,7	+9,2
25–30	149921	145825	97,3	91,9	+5,4
30–35	144649	131174	90,7	91,0	-.3

Das Endergebnis der obigen Berechnung ist eine Differenzenspalte, die, wenn die Sterblichkeitsrate in Lancashire und Cheshire genau der der Nation entspräche, den Gewinn oder Verlust in jedem Alter in einer Migrationsbilanz darstellen würde. Die gesamten so ermittelten Unterschiede für die jeweiligen elf Divisionen sind in Tabelle VIII aufgeführt.

Die letzte Spalte dieser Tabelle, die die Unterschiede für England und Wales zeigt, stellt natürlich lediglich die Auswirkung von Migrationen dar. Ich denke, dass die Unterschiede in den anderen Spalten, im Alter bis 35, fast ausschließlich auf Migrationen zurückzuführen sind. [19a] Da die Sterblichkeit in London und in Lancashire über dem Durchschnitt liegt, sind die Zahlen in diesen Altersgruppen möglicherweise weniger auffällig (weil sie durch eine solche übermäßige Sterblichkeit teilweise neutralisiert werden), als wenn die Ergebnisse der Migrationen an sich auffallen würden. Es scheint tatsächlich klar zu sein, dass die südwestlichen Landkreise zwar mehr als 26,8 Prozent *verlieren . Bei den jungen Männern in den zehn Jahren, die mit dem 10. bis 15. Lebensjahr beginnen und mit dem 20. bis 25. Lebensjahr enden, gewinnt* London etwas mehr als 14,5 Prozent. zur gleichen Zeit des Lebens.

Die zuletzt erwähnten Verhältnisse und viele andere, die in Tabelle VIII aufgeführt sind, sind von großer Bedeutung, da sie die Bewegungen einer großen Anzahl von Personen anzeigen [19b] und daher unsere Eindrücke über ihre Bedeutung eindeutiger machen, was ich getan habe Ich habe mir die Mühe gemacht, die in den Abteilungen I, V und VIII registrierten Todesfälle auf bestimmte Altersstufen aufzuteilen, mit den folgenden Ergebnissen:

Geboren in.	1861.	1871.	Aufgeteilte Todesfälle, 1861–70.	Verlust oder Gewinn durch Migrationen.	Prozent. über Bevölkerung im Jahr 1861.		Die Prozentsätze in Tabelle VIII setzen sich folglich wie folgt zusammen:		
					Todesfälle	Verlust oder Gewinn durch Migrationen.	Verlust oder Gewinn im Vergleich zum durchschnittlichen Todesfallverlust. [20]	Verlust oder Gewinn durch Migrationen.	Gesamt.
Männliche Bevölkerung (korrigiert.)									
ABT. I. LONDON.									
1851–55	147228	141937	7849	+2558	5.3	+1,7	-.1	+1,7	+1,6
1846–50	130615	141809	8042	+19236	6.1	+14.7	-.2	+14.7	+14,5
1841–45	118767	134948	11004	+27185	9.3	+22.9	-1.3	+22.9	+21.6
1836–40	120587	118776	12405	+10594	10.3	+8,8	-1.4	+8,8	+7,4
ABT. V. SO.-WEST.									
1851–55	106614	91014	4601	-10999	4.3	-10.3	+.9	-10.3	-9.4
1846–50	100897	67943	4838	-28116	4.8	-27.9	+1.1	-27.9	-26.8
1841–45	96505	57468	5637	-27400	6.2	-30.3	+1,8	-30.3	-28,5
1836–40	69223	50745	5430	-13048	7.8	-18.9	+1.1	-18.9	-17.8
ABT. VIII. LANC. UND CHESH.									
1851–55	166782	160706	10641	+4565	6.4	+2,7	-1.2	+2,7	+1,6
1846–50	150583	145788	10945	+6150	7.3	+4.1	-1.4	+4.1	+2,7
1841–45	138424	133781	13247	+8604	9.6	+6,2	-1,6	+6,2	+4,6
1836–40	132498	119061	13348	-89	10.1	-.1	-1.2	-.1	-1.2
Weibliche Bevölkerung (korrigiert.)									
ABT. I. LONDON.									
1851–55	149084	164132	7810	+22858	5.2	+15.3	+.1	+15.3	+15,4
1846–50	133936	165675	7908	+39647	5.9	+29.6	+.4	+29.6	+30,0

1841–45	139844	155003	10469	+25628	7.5	+18.3	+.6	+18.3	+18.9
1836–40	143074	136729	11944	+5599	8.3	+3,9	+7	+3,9	+4,6
ABT. V. SO.-WEST.									
1851–55	106074	90500	4892	-10682	4.6	-10.1	+.7	-10.1	-9.4
1846–50	97784	77303	5375	-15106	5.5	-15.4	+.8	-15.4	-14.6
1841–45	91581	68751	6249	-16581	6.8	-18.1	+1,3	-18.1	-16.8
1836–40	77717	61231	5950	-10536	7.7	-13.5	+1,3	-13.5	-12.2
ABT. VIII. LANC. UND CHESH.									
1851–55	167248	171382	10115	+14249	6,0	+8,5	-.7	+8,5	+7,8
1846–50	151238	155554	11094	+15410	7.3	+10.2	-1,0	+10.2	+9,2
1841–45	149921	145825	14024	+9928	9.3	+6,6	-1.2	+6,6	+5,4
1836–40	144649	131174	14900	+1425	10.3	+1,0	-1.3	+1,0	-.3

Ähnliche Tabellen könnten für jedes Zeitalter und nicht nur für jede Registrierungsabteilung, sondern für jeden Registrierungsbezirk im Königreich erstellt werden.

Es ist zu beobachten, dass der scheinbare Gewinn der Metropolenteilung durch Migrationen weniger auffällig ist als erwartet, obwohl er sehr groß ist. Aber was wirklich gezeigt wird, ist das *Gleichgewicht*, das sich ergibt, nachdem vom *Gewinn* der Fremden der *Verlust abgezogen* wurde, der sich aus der Umsiedlung von Familien über die Grenze der Teilung in die Extra-Metropolen Middlesex, Surrey und Kent oder sogar in die näheren Teile von Essex und Essex ergibt Hertfordshire. Wenn die Londoner Grenze weitgehend ausgedehnt würde, würde man feststellen, dass der *Gewinn* durch Einwanderung aus der Ferne größer und der *Verlust* durch Auswanderung geringer ist, als es jetzt scheint; und kurz gesagt, die Aussagen über städtische Gewinne oder ländliche Verluste im Alter bis zu 35 Jahren wären auffälliger als die in Tabelle VIII dargestellten.

Ab dem 35. Lebensjahr verzeichnen beide Geschlechter in London und in den nordwestlichen Grafschaften in jedem Alter einen stetigen Rückgang, der zweifellos hauptsächlich auf die hohe Sterblichkeit in diesen Bezirken zurückzuführen ist. Die ländlichen Bezirke mit den Nummern V und XI weisen aufgrund der Abwanderung bis über das 50. Lebensjahr hinaus einen

Verlust auf. Diese und mehrere andere landwirtschaftliche Abteilungen (die mit den Nummern II, III und IV) weisen im höheren Alter beträchtliche Zuwächse auf, teilweise aufgrund der geringen Sterblichkeit, teilweise aufgrund anderer Ursachen.

Es ist offensichtlich, dass diejenigen, die über das Meer auswandern (z. B. aus Division V), ältere Menschen sind als diejenigen, die ihre Heimatdivision verlassen, um in der Nähe Arbeit zu suchen, ebenso wie die Mehrheit derjenigen, die aus den östlichen Landkreisen (Abteilung IV) einwandern. . Zwei Drittel dieser Letzteren sind bei ihrer Abreise vielleicht zwischen 14 und 20 Jahre alt, und nur sehr wenige von ihnen können älter als 25 Jahre sein.

Die scheinbare relative Sterblichkeit der Geschlechter in bestimmten Altersstufen muss durch den unterschiedlichen Grad an Ungenauigkeit in den Bevölkerungsergebnissen für Männer und Frauen beeinflusst werden, wie die folgende kurze Aussage zeigt:

| | Durchschnittliche Bevölkerung 1861–71, basierend auf nicht korrigierten Zahlen. | | Durchschnittliche Bevölkerung 1861–71, anhand korrigierter Zahlen. | | Todesfälle 1861–70. | | Todesfälle pro 1000. | | | |
| | | | | | | | Von unkorrigiert. | | Von korrigiert. | |
	Männer.	Fem'l's.	Männer.	Fem'l's.	Männer.	Fem'l's.	M.	F.	M.	F.
15–20	1021321	1035205	1011321	1035632	62921	68553	6.2	6.6	6.2	6.6
20–25	906063	1011063	892063	938433	76591	80463	8.5	8,0	8.6	8.6
25–30	788782	886088	788782	849341	147734	160329	9.9	9.7	9.9	10.0
30–35	704005	769381	710005	761546						

Die von mir dargelegten Tatsachen und die von mir durchgeführten Experimente reichen vielleicht aus, um darauf hinzuweisen, mit welchen Schätzungsmethoden eine Vorstellung von der Altersverteilung der Bevölkerung gewonnen werden kann, wenn die Gesamtzunahme oder -abnahme bekannt ist. [22] Aber sie neigen auch dazu, die Schwierigkeiten aufzuzeigen, die das Thema umgeben, und die Notwendigkeit, die besteht, dass die Forscher genügend Mut aufbringen, um mit einem gewissen Maß an Freiheit mit den Ergebnissen der Volkszählungs- und Meldeämter umzugehen.

TABELLE I. – Zeigt die Bevölkerungswachstumsrate (Prozent) jedes Geschlechts und *in jedem Alter* in den verschiedenen Registrierungsbezirken von England und Wales während der zehn Jahre 1851–61.

TABELLE II. – Zeigt den Anteil (Prozent) der im Jahr 1861 gezählten Bevölkerung an der Bevölkerung, die *zehn Jahre zuvor in den entsprechenden Altersgruppen* in den verschiedenen Registrierungsabteilungen sowie in England und Wales gezählt wurde.

[Diese beiden Tabellen wurden lediglich mit dem Ziel berechnet, zu zeigen, dass die proportionalen Ergebnisse, die durch einen Vergleich der bei aufeinanderfolgenden Volkszählungen in bestimmten Altersstufen gezählten Zahlen erzielt werden können, keine ausreichende Regelmäßigkeit aufweisen, um die Annahme zu rechtfertigen, dass solche Proportionen ungefähr ein Jahrzehnt lang beibehalten würden Nach dem Jahrzehnt wird es als unnötig erachtet, sie zu drucken. Die übrigen Tabellen sind vollständig abgedruckt, da das Papier ohne Bezugnahme auf und sorgfältige Berücksichtigung der darin dargestellten Fakten fast seine Bedeutung verlieren würde.]

TABELLE III. – Zeigt die gezählte Bevölkerung in den Jahren 1851, 1861 und 1871 in jedem fünfjährigen Lebensabschnitt, die geschätzten Geburten in den Jahren 1851–70, die registrierten Todesfälle, aufgeteilt nach dem Geburtsdatum, und die Zahl der verlorenen oder hinzugewonnenen Einwohner, auf der Hypothese der Richtigkeit der vorstehenden Zahlen.

Geboren in	Bevölkerung gezählt.			Todesfälle registriert.		Unterschied – bezogen auf Fehler und Migrationen [23a]			
	MÄNNER.			MÄNNER.		1851–60.		1861–70.	
	1851.	1861.	1871.	1851–60.	1861–70.	Verlust.	Gewinn.	Verlust.	Gewinn.
1866–70	...	2011024 [23b]	1536464	...	427200	...	...	47360	...
1861–65	...	1887702 [23b]	1350819	...	546170	...	...	...	9287
1856–60	1751531 [23b]	1354907	1220770	365536	180534	31088	...	...	46397
1851–55	1651656 [23b]	1172960	1084713	482227	60259	...	3531	27988	...
1846–50	1176753	1059889	951917	156291	62499	...	39427	45473	...
1841–45	1050228	957930	843278	58497	75494	33801	...	39158	...
1836–40	963995	860210	746320	60004	75606	43781	...	38284	...
1831–35	873236	734287	640819	69604	74657	69345	...	18811	...

1826–30	795455	661690	590097	67451	77910	66314	. . .	. . .	6317
1821–25	699345	590280	506947	65694	81085	43371	. . .	2248	. . .
1816–20	617889	551058	455788	66739	84309	92	. . .	10901	. . .
1811–15	532680	453310	345907	67483	89886	11887	. . .	17517	. . .
1806–10	474211	392196	294675	69394	95736	12621	. . .	1785	. . .
1801–05	392882	299000	205370	73888	103431	19994	. . .	. . .	9801
1796–1800	346104	265536	149887	78530	108473	2038	. . .	7176	. . .
1791–95	254892	175538	82091	84399	108450	. . .	5045	. . .	15003
1786–90	227240	128428	38573	90915	94795	7897	. . .	. . .	4940
1781–85	151640	71780	11685	92953	64919	. . .	13093	. . .	4824
1776–80	114730	34256	2383	83815	33036	. . .	3341	. . .	1163
1771–75	65016	10359	390	58972	11790	. . .	4315	. . .	1821
1766–70	31690	2191	41	30694	2768	. . .	1195	. . .	618
1761–65	10423	399	. . .	11270	397	. . .	1246	2	. . .
1756–60	2282	55	. . .	2781	25	. . .	554	30	. . .
1751–55	456	. . .	. . .	463	. . .	. . .	7	. . .	. . .
1746–50	78	. . .	. . .	28	. . .	50	. . .	. . .	. . .
Alter nicht angegeben	. . .	. . .	. . .	908	. . .	. . .	908	. . .	. . .
Summen	12184412	13674985	11058934	2138536	2459489	342279	72662	256733	100171
	WEIBCHEN.			WEIBCHEN.					
1866–70	. . .	1936784 [23c]	1534812	. . .	359329	. . .	. . .	42643	. . .
1861–65	. . .	1814081 [23c]	1355707	. . .	473449	. . .	. . .	. . .	15075
1856–60	1681961 [23c]	1345875	1203469	305511	172128	30575	. . .	. . .	29722
1851–55	1586949 [23c]	1171106	1095699	419780	61093	. . .	3937	14314	. . .
1846–50	1171354	1045287	1052843	151062	66098	. . .	24995	. . .	73654
1841–45	1042131	974712	937299	60003	79459	7416	. . .	. . .	42016

Geboren in									
1836–40	949362	969283	813675	65106	81018	...	85027	74590	...
1831–35	883953	834877	700534	76754	79463	...	27678	54880	...
1826–30	871152	725088	639705	76237	77870	69827	...	7513	...
1821–25	771130	634262	546094	73309	76696	63559	...	11472	...
1816–20	658237	583069	488901	70730	75357	4438	...	18811	...
1811–15	555879	477530	372261	67174	77049	11175	...	28220	...
1806–10	494408	414367	328010	63923	84997	16118	...	1360	...
1801–05	406107	315004	235868	65030	97481	26073	...	...	18345
1796–1800	362697	290704	174086	72028	108636	...	35	7982	...
1791–95	271395	201034	99896	82975	114233	...	12614	...	13095
1786–90	254070	152917	51265	93843	105704	7310	...	...	4052
1781–85	175879	88860	17896	99612	78080	...	12593	...	7116
1776–80	135432	45403	4338	94274	43589	...	4245	...	2524
1771–75	81086	15608	855	71487	17466	...	6009	...	2713
1766–70	42150	3994	119	40514	4849	...	2358	...	974
1761–65	14982	839	...	16604	894	...	2461	...	55
1756–60	3969	146	...	4724	73	...	901	73	...
1751–55	874	...	...	921	...	...	47	...	...
1746–50	137	...	...	76	...	61	...	...	...
Alter nicht angegeben	...	...	...	502	...	...	502	...	...
Summen	12415294	14040830	11653332	2072179	2386011	236552	183402	261858	209371

TABELLE IV. – Darstellung der weiblichen Bevölkerung in den Jahren 1851, 1861 und 1871, korrigiert anhand bestimmter Hypothesen, der geschätzten Geburten in den Jahren 1851–70, der registrierten Todesfälle, aufgeteilt nach dem Geburtsdatum, nach Anpassung und dem Verlust oder Gewinn von Einwohner auf einer Bilanz der Wanderungen.

Geboren in	Bevölkerung (korrigiert).	Todesfälle registriert.	Verlust oder Gewinn durch Migrationen.	
	Weibchen .	Weibchen .	1851–60.	1861–70.

	1851.	1861.	1871.	1851–60. [24b]	1861–70.	Verlust.	Gewinnen.	Verlieren.	Gewinnen.
1866–70	. . .	1936784 [24a]	1571448	. . .	359329	. . .	. . .	6007	. . .
1861–65	. . .	1822952 [24a]	1340794	. . .	473449	. . .	. . .	8709	. . .
1856–60	1690145 [24a]	1379277	1203469	305511	172128	5357	. . .	3680	. . .
1851–65	1586949 [24a]	1157052	1094603	419780	61093	10117	. . .	1350	. . .
1846–50	1203052	1046332	981249	151062	66098	5658	. . .	. . .	1015
1841–45	1028583	976661	898871	60003	79459	. . .	8081	. . .	1669
1836–40	954109	895618	809607	65106	81018	. . .	6015	4993	. . .
1831–35	887489	799812	711042	76754	79463	10923	. . .	9307	. . .
1826–30	804073	713486	624991	76237	77870	14350	. . .	10625	. . .
1821–25	736430	652021	567938	73309	76696	11100	. . .	7387	. . .
1816–20	645730	569658	488901	70730	75357	5342	. . .	5400	. . .
1811–15	573667	501406	421400	67174	77019	5087	. . .	2957	. . .
1806–10	483036	415610	328010	63923	84997	3503	. . .	2603	. . .
1801–05	426412	357844	258275	65030	98802	3538	. . .	767	. . .
1796–1800	364148	290704	177568	72028	112636	1416	. . .	500	. . .
1791–95	308305	222745	104192	84226	118269	1334	. . .	284	. . .
1786–90	254070	156434	49008	97626	107225	10	. . .	201	. . .

1781–85	195578	92680	17144	103438	70172	...	540	...	636
1776–80	138547	43269	4121	95728	39172	...	450	...	24
1771–75	84572	14952	641	69678	14330	...	58	...	19
1766–70	40043	3734	60	36401	3732	...	92	...	58
1761–65	14188	614	...	13613	617	...	39	...	3
1756–60	3671	56	...	3631	50	...	16	6	...
1751–55	629	...	...	636	...	...	7	...	...
1746–50	52	...	...	53	...	...	1	...	...
Summen	12423478	14049701	11653332	2071677	2335011	77735	15899	64782	3424

TABELLE V. – Zeigt den Grad der Unrichtigkeit der Angaben zum Alter der weiblichen Bevölkerung gemäß den Hypothesen, auf denen Tabelle IV basiert.

Wahres Alter.	1851.			1861.			1871.		
	Rückgabe im nächstniedrigeren Alter.	Korrekt zurückgegeben.	Rückgabe im nächsthöheren Alter.	Rückgabe im nächstniedrigeren Alter.	Korrekt zurückgegeben.	Rückgabe im nächsthöheren Alter.	Rückgabe im nächstniedrigeren Alter.	Korrekt zurückgegeben.	Rückgabe im nächsthöheren Alter.
0–5	...	1171354	31698	...	1345875	33402	...	1534812	36636
5–10	...	1010433	18150	...	1137704	19348	...	1319071	21723
10–15	...	931212	22897	...	1025939	20393	...	1181746	21723
15–20	...	861056	26433	...	954319	22342	...	1073976	20627
20–25	...	804073	...	...	895618	...	...	981249	...
25–30	40646	695784	...	51323	748489	...	50967	847904	...

Geboren in									
30–35	75346	570384	...	86388	627098	...	89395	720212	...
35–40	87853	485814	...	97990	554031	...	93463	617579	...
40–45	70065	412971	...	80231	489427	...	82955	542036	...
45–50	81437	344975	...	93642	407764	...	97669	470269	...
50–55	61132	303016	...	69766	345844	...	75825	413076	...
55–60	59681	248624	...	68523	289321	...	75325	345575	...
60–65	22771	231299	...	25683	265021	...	26686	301324	...
65–70	22771	172807	...	25683	197062	...	26686	231589	...
70–75	3072	135432	43	3972	152462	...	4279	173289	...
75–80	...	81043	3529	455	88860	3365	797	99896	3499
80–85	...	38621	1422	...	42038	1231	...	47766	1242
85–90	...	13560	628	...	14377	575	...	16654	490
90–95	...	3341	330	...	3419	315	...	3848	273
95–100	...	544	85	...	524	90	...	582	59
100–	...	52	...	...	56	...	...	60	...

TABELLE VI. – Darstellung der männlichen Bevölkerung in den Jahren 1851, 1861 und 1871, korrigiert auf der Grundlage bestimmter Hypothesen; die geschätzten Geburten in den Jahren 1851–70; die registrierten Sterbefälle, aufgeteilt nach Geburtsdatum, nach Anpassung; und der Verlust oder Gewinn von Einwohnern bei einer Bilanz der Wanderungen.

Geboren in	Bevölkerung (korrigiert.) Männer.	Todesfälle registriert. Männer.	Verlust oder Gewinn durch Migrationen.	
			1851–60.	1861–70.

	1851.	1861.	1871.	1851–60. [25b]	1861–70.	Verlust.	Gewinnen.	Verlust.	Gewinnen.
1866–70	...	2006083 [25a]	1572464	...	427200	...	...	6419	...
1861–65	...	1892329 [25a]	1335819	...	546170	...	...	10340	...
1866–60	1758383 [25a]	1388307	1218770	365536	180534	4540	...	...	10997
1851–55	1651656 [25a]	1157960	1674713	482227	60259	11469	...	22988	...
1846–60	1208453	1057889	937917	156291	62499	...	5727	57473	...
1841–45	1030228	947930	843278	58497	75494	23801	...	29158	...
1836–40	960000	846210	751320	60004	75606	53786	...	19284	...
1831–35	868231	734287	644819	69604	74657	64340	...	14811	...
1826–30	784455	668690	580097	67451	77910	48314	...	10683	...
1821–25	696345	594280	506947	65694	81085	36371	...	6248	...
1816–20	624889	539058	447788	66739	84369	19092	...	6901	...
1811–15	535680	453310	357907	67483	89886	14887	...	5517	...
1806–10	458711	384196	284675	69394	95736	5121	...	3785	...
1801–05	389882	312000	217370	73888	104635	3994	...	...	10005
1796–1800	334904	256136	150887	78530	111999	238	...	...	6750
1791–95	273892	188538	83091	85504	111681	...	150	...	6234
1786–90	222840	129928	37173	94206	95445	...	1294	...	2690

1781–85	168040	73280	11235	96016	62880	...	1256	...	835
1776–80	116466	32356	2333	84496	29493	...	386	530 [25c]	...
1771–75	66800	9509	314	57119	9550	172	...	...	355 [25c]
1766–70	29493	2101	17	27390	2118	2	...	...	34
1761–65	9412	274	...	9116	266	22	...	8	...
1756–60	2166	20	...	2114	17	32	...	3	...
1751–55	318	...	...	310	...	8	...	...	...
1746–50	20	...	...	19	...	1	...	...	...
Summen	12191264	13674671	11058934	2137628	2459489	28619 00	8813	194148	37900

TABELLE VII. – Zeigt den Grad der Unrichtigkeit der Angaben zum Alter der männlichen Bevölkerung gemäß den Hypothesen, auf denen Tabelle VI basiert.

Wahres Alter.	1851. Rückgabe im nächstniedrigeren Alter.	zurückgegeben.	Rückkehr im nächsthöheren Alter.	1861. Rückkehr im nächstniedrigeren Alter.	zurückgegeben.	Rückkehr im nächsthöheren Alter.	1871. Rückkehr im nächstniedrigeren Alter.	zurückgegeben.	Rückkehr im nächsthöheren Alter.
0–5	...	1176753	31700	...	1354907	33400	...	1536464	36000
5–10	...	1018528	11700	...	1139560	18400	...	1314819	21000
10–15	...	952295	7705	...	1041489	16400	...	1199770	19000
15–20	...	865531	2700	...	941530	6400	...	1065713	9000
20–25	...	784455	...	...	846210	...	...	937917	...
25–30	8300	688045	...	7600	726687	...	5000	838278	...
30–35	11300	613589	...	7600	661090	...	5000	746320	...

35–40	4300	531380	...	600	590280	3400	...	640819	4000
40–45	1300	457411	...	...	539058	...	...	580097	...
45–50	16800	373082	...	8600	444710	...	6000	500947	...
50–55	19800	315104	...	8600	375596	...	6000	441788	...
55–60	31000	242892	...	16600	295400	...	14000	343907	...
60–65	12000	210840	...	3600	252536	...	2000	282675	...
65–70	16400	151640	...	13000	175538	...	12000	205370	...
70–75	...	114730	1736	...	128428	1500	...	149887	1000
75–80	...	63280	3520	...	70280	3000	...	81091	2000
80–85	...	28170	1323	...	31256	1100	...	36573	600
85–90	...	9100	312	...	9259	250	...	11085	150
90–95	...	1970	196	...	1941	160	...	2233	100
95–100	...	260	58	...	239	35	...	290	24
100-	...	20	...	...	20	...	...	17	...

TABELLE VIII. – Zeigt die Unterschiede zwischen (1) dem nationalen Prozentsatz der Personen, die 1871 in jedem Alter überlebten (einschließlich des geschätzten Verlusts durch Auswanderung in den Jahren 1861–71), berechnet auf der Grundlage der 1861 gezählten zehn Jahre jüngeren Zahlen; und (2) das Verhältnis der im Jahr 1871 in jeder Division gezählten Einwohner im Vergleich zu den jeweiligen zehn Jahre jüngeren Bevölkerungsgruppen im Jahr 1861. Die beschäftigten Bevölkerungsgruppen wurden zunächst gemäß den Aussagen A und B korrigiert.

Age in 1871	I. London	II. South Eastern	III. South Midland	IV. Eastern	V. South Western	VI. West Midland	VII. North Midland	VIII. North Western	IX. Yorkshire	X. Northern	XI. Welsh	England and Wales
MALES. Excess or deficiency of the ratio of survivors, compared with National ratio.												
10–15	-4.3	+7.6	+6.1	+1.9	-1.3	-.3	-.6	-.7	-2.8	+4.2	-.7	-0.8
15–20	+1.6	+1.2	-8.8	-11.2	-9.4	-3.6	-6.0	+1.6	-3.6	+4.8	-3.6	-2.0
20–25	-14.5	-4.0	-20.9	-25.3	-26.8	-10.0	+14.2	+2.7	-4.4	+12.8	-9.9	-6.4
25–30	-21.6	-3.2	-14.1	-21.2	-28.5	-8.4	+13.0	+4.6	-6.0	-14.6	-13.1	-3.0
30–35	+7.4	-2.8	-4.2	-6.6	-17.8	-5.9	-6.0	-1.2	-4.5	+5.5	-9.5	-2.3
35–40	-1.6	-.1	+1.0	-.3	-8.8	+4.4	-2.3	-3.4	-3.8	+2.0	-7.0	-2.0
40–45	-3.6	+.2	+1.8	-.5	-4.9	-3.4	-1.0	-2.3	-3.7	-3.3	-7.2	-1.5
45–50	-5.9	+1.7	+2.4	+1.9	-1.1	+1.8	-.6	-3.5	-1.8	+2.9	-3.0	-1.1
50–55	-7.2	+2.1	+2.1	+2.4	-.8	-2.1	-1.8	-4.9	-2.5	+2.0	-.6	-1.2
55–60	-10.6	+5.5	+2.6	+2.7	-1.3	-1.8	-2.9	-6.7	-1.4	+.9	-.9	-1.3
60–65	-8.5	+4.2	+4.8	+5.7	+1.3	-1.2	-2.5	-7.3	-1.7	+.7	-.6	-1.0
65–70	-4.2	+10.5	-8.3	-10.5	+7.2	+3.6	-6.0	-3.9	+.9	+1.8	-2.3	-3.2
70–75	-5.4	+9.0	+7.8	-10.0	+7.7	+2.5	-6.5	-6.3	-.3	+2.2	-2.1	-2.6
75–80	-4.8	+8.0	+6.5	+9.4	+7.1	+4.3	+5.5	-4.5	-1.3	+1.7	-6.6	-3.3
80–85	-3.1	+4.4	+2.6	+6.1	-4.9	+2.8	-3.0	-3.4	-2.1	+.5	-8.0	-2.1
85–90	-.4	-2.8	+.1	+3.5	-1.6	+1.4	-.6	-2.2	-1.5	-2.3	+4.7	-1.1
FEMALES. Excess or deficiency of the ratio of survivors, compared with the National ratio.												
10–15	-3.0	-5.5	+1.6	-.5	-2.9	-1.4	-1.9	. . .	-1.2	+2.6	-2.3	-.3
15–20	-15.4	-1.0	-7.1	-15.0	-9.4	+3.1	-6.9	-7.8	-3.9	+1.2	-7.8	-.1
20–25	-30.0	-1.5	-11.7	-20.3	-14.6	-4.9	-11.1	+9.2	-3.6	-.8	-12.9	+.1
25–30	-18.9	+8.0	-6.0	-12.5	-16.8	-5.3	-10.3	+5.4	-3.5	+4.6	-11.9	+.1
30–35	+4.6	+7.9	-1.0	+5.5	-12.2	-4.8	-5.9	-.3	-3.7	-5.6	-5.8	-.7
35–40	+3.1	+5.3	-1.3	-2.5	-7.2	+2.2	-3.3	-2.9	-3.7	+4.4	-4.4	-1.3
40–45	-5.0	+4.2	+1.3	-.3	-4.3	-1.8	-1.8	-2.1	-2.5	+1.5	-5.8	-1.4
45–50	-6.4	+3.7	+2.1	+.3	-1.1	-.9	-1.1	-2.4	-1.8	+1.4	-2.8	-1.1
50–55	-5.8	+4.1	+1.7	+.3	+.7	-1.3	+.3	-4.1	-1.5	+2.3	-.2	-.9
55–60	-6.9	+5.7	+3.6	+1.2	+.1	-.8	-1.2	-5.0	-2.1	+2.2	-.3	-.6
60–65	-4.7	+4.3	+3.7	+2.2	+1.1	-.6	+.5	-4.9	-1.1	-.1	-2.1	-.5
65–70	-3.9	+3.7	+4.0	+5.5	-3.2	-.5	-.1	-6.9	-2.3	-.5	+1.2	-.3
70–75	-4.0	+6.0	+4.1	+6.1	-3.5	-.3	-1.0	-8.4	+3.0	-.8	-.8	-.2
75–80	-3.2	+3.5	+.7	+5.7	-3.0	-.3	+.6	-7.1	-4.6	-.4	+4.3	-.1
80–85	-2.4	+2.1	-.1	+4.3	+.4	-.5	-1.2	-5.7	-3.8	-2.0	+8.1	-.2
85–90	+.1	-1.6	+.2	+3.8	-1.5	-.8	-.7	-2.6	-1.4	-.1	+4.7	+.7

Anmerkung: Wenn die Sterblichkeit in jeder Division genau gleich wäre, würden diese Verhältnisse tatsächlich einen Verlust durch Auswanderung oder einen Gewinn durch Einwanderung darstellen; Es gibt jedoch gute Gründe zu der Annahme, dass die Verluste im höheren Lebensalter (insbesondere in den Abteilungen I und VIII) auf eine übermäßige Sterblichkeit zurückzuführen sind, während die Zuwächse in anderen Abteilungen größtenteils darauf zurückzuführen sind, dass die Sterblichkeit dort unter dem Durchschnitt liegt.

FUSSNOTEN.

[4] Dies sollte lauten „0 und unter 5".

[6] Diese Schätzungen wurden auf der Grundlage einer Aufteilung vorgenommen, die aus einer Betrachtung der „English Life Table No. 3" abgeleitet wurde; Ich verzichte jedoch darauf, auf eine detaillierte Darstellung des Prozesses einzugehen, aus Angst, dass dieser Aufsatz weitschweifiger und uninteressanter wird, als es sein Charakter erfordert.

[8a] Nettogewinn der ankommenden Iren, Ausländer usw. über den der Abwanderer hinaus. Nettoverlust an in England geborenen Auswanderern, mehr als an heimkehrenden Engländern.

[8b] Dies basiert auf der Annahme, dass die Migrationen in jedem Jahr genau gleich zahlreich waren.

[11a] Es ist zu bemerken, dass einige der Ungenauigkeitsquoten, die den Volkszählungszahlen von 1851 zugeschrieben werden, niedriger sind als die für spätere Volkszählungen. Diese Ausnahmen von der Regel der abnehmenden Ungenauigkeit könnten entfernt werden, ohne dass die in Tabelle IV dargestellten Schätzungen sehr stark beeinträchtigt würden, es wird jedoch kaum für erforderlich gehalten, dies zu tun.

[11b] Der Prozentsatz würde für jedes Fehlerjahr 20,0 (mehr oder weniger) betragen, außer bei hohen Altersgruppen.

[14] Nettogewinn.

[15] Eine weitere leichte Änderung bei den Schätzungen nicht registrierter männlicher Geburten wird zu beobachten sein. Es betrifft die geschätzte Auswanderung von 1861–70 in Höhe von etwa 10.000 Personen, also 156.248 statt 165.800.

[16] Die folgende Beispielrechnung, die die Bestandteile zeigt, aus denen sich die berechneten Todesfälle in den Jahren 1861–1870 bei Frauen zusammensetzen, die in den Jahren 1851–1855, 1816–1820 bzw. 1811–1815 geboren wurden, wird verdeutlichen, was ich meine:

Jahr des Todes.	Geboren 1851–55.				Geboren 1816–20.			Geboren 1811–15.		
	Alter 5–10.	Alter 10–15.	Alter 15–20.	Summen.	Alter 35–45.	Alter 45–55.	Summen.	Alter 45–55.	Alter 55–65.	Summen.
1861	6730	518	...	7248	6234	645	6879	6514	...	6514
1862	5259	1603	...	6862	4999	1994	6993	6669	...	6669

1863	4630	2915	...	7575	3688	3392	7080	6813	...	6813
1864	2452	3989	...	6441	2350	5366	7716	7686	...	7686
1865	678	4626	...	5304	785	6993	7778	7873	...	7873
1866	...	4499	620	5119	...	8048	8048	7413	844	8257
1867	...	2949	1786	4735	...	7547	7547	5443	2410	7853
1868	...	2274	3045	5319	...	7359	7359	3813	3983	7796
1860	...	1437	4351	5788	...	7859	7859	2466	5985	8451
1870	...	510	6192	6702	...	8098	8098	873	8264	9137
	19749	25350	15994	61093	18056	57301	75357	55563	21486	77049

[19a] Die erste Zeile von Tabelle VIII zeigt die Auswirkungen der Umsiedlung von Familien aus der ersten Division in die halbvorstädtischen Bezirke in den Divisionen II und III. Solche Familien nehmen viele Kinder mit; daher der Verlust für die Metropolabteilung und der Gewinn für die beiden genannten Abteilungen sowohl bei den Jungen als auch bei den Mädchen.

[19b] Die folgende Aussage könnte diese Tatsache klarer machen:

Aufteilung.	Geburten verzeichnet zwischen 1841 und 1845.	Bevölkerung im Jahr 1871, geboren 1841–45.	Verhältnis 100 zu—
I. London	316037	289951	91,7
V. Südwestlich	266860	126219	47.3
VIII. Nordwestlich	392151	279606	71.3

Die Überlebensrate dürfte laut der englischen Sterbetabelle Nr. 3 bei etwa 62,2 Prozent liegen. Die niedrige Sterblichkeitsrate in den südwestlichen Landkreisen macht es sicher, dass ohne Migrationen das Verhältnis der gezählten Bevölkerung zu den entsprechenden Geburten in dieser Division höher als 62,2 wäre; in den anderen Divisionen wäre es niedriger.

[20] Ich bin der Meinung, dass der Zuwachs in dieser Kolumne, soweit es die Londoner Sterblichkeitsraten betrifft, auf die Abreise vieler Frauen zurückzuführen ist, die sich in einem schlechten Gesundheitszustand befinden und von denen einige im Land sterben. Ohne die Auswirkungen

solcher Abwanderungen würden die registrierten Todesfälle und der scheinbare Nettogewinn durch Migrationen höhere Zahlen erreichen.

[22] Das Verfahren im Jahr 1881 könnte beispielsweise wie folgt aussehen: Nehmen Sie die englische Bevölkerung in jedem Alter im Jahr 1871, wie bereits korrigiert, und führen Sie die Zahlen der Geburten aus den Jahren 1876–80 und 1871–75 als die ersten beiden Terme der Reihe ein. Hinzufügung einer angemessenen Entschädigung für die Nichtregistrierung. Ziehen Sie die Sterbefälle in den Jahren 1871–80 ab, die ordnungsgemäß auf die Geburtsperioden verteilt sind. Da die Bruttozahl beider Geschlechter im Jahr 1881 bekannt ist, kann der Nettoverlust oder -gewinn durch Migrationen ermittelt werden. Teilen Sie dies in etwa ähnlichen Proportionen auf wie in den Jahren 1851–60. Die Endergebnisse werden ungefähr die Verteilung der Bevölkerung nach Alter im Jahr 1881 zeigen.

[23a] Es ist zu bemerken, dass ich dem Zeitintervall zwischen dem Tag der Volkszählung und dem vorangegangenen Januar keine Beachtung geschenkt habe und das genaue Zehnjahresjahr als annähernd gleichwertig mit dem Intervall zwischen Volkszählung und Volkszählung behandelt habe.

[23b] Diese Zahlen stellen die Geburten in den genannten Zeiträumen dar, *zuzüglich* einer Berücksichtigung von Auslassungen, nämlich. 1¾ Prozent. bei Geburten in den Jahren 1866–70 und 2, 2¼ und 3½ Prozent. jeweils auf Geburten in den früheren Perioden.

[23c] Die vorgenommene Korrektur ist bei weiblichen Geburten etwas größer als bei männlichen Geburten. Bei diesen Zahlen handelt es sich um die zurückgegebenen Zahlen *zuzüglich* 2 Prozent. auf die Geburten in den Jahren 1866–70 und 2¼, 2¾ und 4 Prozent. bzw. auf die Geburten in den früheren Perioden.

[24a] Geburten, plus Zulage für Nichtregistrierte, sagen wir 2 Prozent. auf Geburten in den Jahren 1866–70 und 2¾, 3¼ und 4 Prozent. bzw. auf Geburten in den früheren Perioden.

[24b] Die wenigen Todesfälle ohne Altersangabe bleiben unberücksichtigt.

[25a] Geburten, *plus* Zulage für Nichtregistrierte, sagen wir 1½ Prozent. bei Geburten in den Jahren 1866–70 und 2¼, 2,65 und 3,5 Prozent. bzw. auf Geburten in den früheren Perioden.

[25b] Die wenigen Todesfälle, die „nicht angegeben" werden, bleiben unberücksichtigt.

[25c] Diese Zahlen sind meines Erachtens unwahrscheinlich; Ich nehme an, dass die Verteilung der Todesfälle hauptsächlich auf die Schuld zurückzuführen ist.